Roland Breitenbach

MEDITATIONEN DES Herzens

Roland Breitenbach

MEDITATIONEN DES Herzens

Herausgegeben von Stefan Philipps

Patmos Verlag

Inhalt

Meditation des Weges

JESUS:

Nehmt mein Joch auf euch und lernt von mir; denn ich bin gütig und von Herzen demütig; und ihr werdet Ruhe finden für eure Seele.

MATTHÄUSEVANGELIUM
KAP. 11, VERS 29

Denn wo euer Schatz ist, da ist auch euer Herz.

LUKASEVANGELIUM
KAP. 12, VERS 34

Jesus geht einen neuen Weg. Er begründet keine neue Religion, wie viele vor ihm und nach ihm. Jesus ist kein Religionsstifter. Er steht in der religiösen Tradition seines Volkes und legt den eigentlichen Geist und damit den ursprünglichen Willen Gottes frei, überwindet die Buchstaben und verwandelt die Religion von Grund auf. Jesus ist offen für alle Menschen.

Jesus geht einen anderen Weg als die Priester und religiösen Menschen seiner Zeit. Mit dem Kult, vor allem mit den Blut- und Brandopfern im Tempel zu Jerusalem hat er nichts zu tun; er nimmt an diesen Opfern nicht teil. Jesus ist ein erklärter Gegner aller Äußerlichkeiten und einer Frömmigkeit, die sich auf religiöse Regeln beschränkt. Das drückt er in seinen Predigten ganz deutlich aus.

Jesus geht den Weg des Herzens. Dort findet die eigentliche Wandlung statt, und nur die Wandlung kann den Menschen verändern, ihn zu einem neuen Menschen machen und damit ein anderes Leben ermöglichen. Damit steht Jesus in der Linie der Propheten und ist das Vorbild aller spirituellen Menschen.

Gott, sein Vater, und niemand sonst, soll einen Platz im Herzen der Menschen haben.

Jesus geht einen Weg. Er setzt die Bewegung der Liebe in Gang. Die Liebe zu Gott. Die Liebe zum Nächsten. Deswegen setzt er darauf, dass der Mensch lernt, sich selber zu lieben. Auch das ereignet sich im Herzen eines jeden Einzelnen. Für Jesus ist die Liebe das Größte. Sie kommt aus der Welt Gottes und unterliegt schon deswegen nicht den irdischen, den menschlichen Gesetzen. Nur die Liebe ist imstande, das Neue zu schaffen. »Mächtige Wasser können die Liebe nicht löschen, auch Ströme schwemmen sie nicht hinweg« (HOHESLIED KAP. 8, VERS 7). Nur die Liebe ist stärker als der Tod. Die Liebe ist das neue Leben, auf das hin wir alle unterwegs sind.

Jesus geht einen neuen Weg. Er fordert uns auf, seiner Lebensspur zu folgen. Das heißt Nachfolge. Jesus ist weit mehr als ein Wegweiser, der stumm am Wegrand steht und nur Hinweise geben kann. Jesus geht voraus, er wird selber zum Weg. Dieser Weg führt in das Herz seines Vaters, der die Liebe ist. Sein Weg führt zur Fülle des Lebens: Dazu bin ich gekommen, dass alle das Leben haben. Ein

Leben in Fülle (VGL. JOHANNESEVANGELIUM KAP. 10 VERS 10).

Der Weg Jesu ist ein Weg großer Freiheit. Schließlich hat er die Menschen von den Lasten ihrer Vergangenheit befreit. Die Menschen sollen nicht niedergedrückt, gebeugt sein, sondern aufrecht gehen können und damit ihr großes Ziel vor Augen haben. Wer gebückt ist, wer niedergedrückt wurde, kann keinen Blick in die Weite werfen; vielleicht sieht er nicht einmal den nächsten Schritt. Deswegen musste Jesus die Menschen befreien auch und gerade von falschen und unerträglichen Lasten, die Religionen Menschen auferlegen.

Wer mit ihm geht, soll es mit leichtem Gepäck tun können: »Und er gebot ihnen, außer einem Wanderstab nichts auf den Weg mitzunehmen, kein Brot, keine Vorratstasche, kein Geld im Gürtel, kein zweites Hemd und an den Füßen nur Sandalen« (MARKUSEVANGELIUM KAP. 6, VERSE 8–9). Wer Jesus folgt, geht seinen Weg, auch wenn er beschwerlich ist, mit leichtem Sinn.

Der Weg Jesu geht nicht den ausgetretenen Pfaden religiöser Vorschriften nach, verlangt dafür einen leichten Sinn, ein freudiges Herz, aber auch eine große Verbindlichkeit. Das meint Liebe in aller Freiheit. Schließlich sind Liebe und Treue das Maß seines Lebens und derer, die seinem Weg folgen. Über die Liebe hinaus gibt es nichts. Und nichts darf die Liebe behindern. Was ihr entgegensteht, entspricht nicht dem göttlichen Willen.

Jesus geht einen Weg der Achtsamkeit, die vor allem den Kleinen, Zarten und Schwachen gilt; denen, die in der Welt noch nie etwas gegolten haben. Ihnen vor allem schenkt Jesus Beachtung. Deswegen geht Jesus zu den Menschen und Dingen auf Augenhöhe. Er beugt sich zu dem, der vor ihm im Staub liegt, umarmt ein kleines Kind, achtet auch die Spatzen am Wegrand, bewundert die Lilie auf dem Feld, schätzt den Wert eines winzigen Samenkorns.

Wer Jesus auf diesem Weg der Achtsamkeit folgt, wird sein Leben als eine Kostbarkeit erfahren und genießen. Weil alles Geschenk ist, kann er sich dem, was lebt und was ist, zuwenden und in großer Freundlichkeit begegnen. Er macht keinen Unterschied mehr, fällt keine Urteile, er übersieht nichts, er nimmt alles, was Gott geschaffen hat, in seine Mitte, in sein Herz.

Nicht wenigen erscheint der neue Weg Jesu als unmöglich. Das will auch diese Geschichte sagen:

»Das ist doch im wirklichen Leben völlig unmöglich«, behauptete der Schüler. »Wie kann Jesus fordern, seine verwandtschaftlichen Beziehungen gering zu achten? Wie kann er verlangen, das Kreuz zu tragen? Wie kann er sagen, keinen Geldbeutel mitzunehmen, keine Vorratstasche, keine Schuhe an den Füßen? Völlig unmöglich in unserer Zeit!«

»Und doch«, antwortete ihm ruhig der Mönch, »beginnt das ganze Glück des Glaubens mit dem mutigen Sprung aus der Sicherheit in die Unsicherheit«.

Das ist der Sprung des Glaubens, der aus dem Üblichen herausführt und auf den Weg Jesu bringt.

Impulse zur Meditation

- Ich berühre Gott in meinem Herzen
- Ich bin ruhig und gelassen
- Jesu Herz und mein Herz schlagen miteinander
- Es geht mir gut

GEBET

Gott, ich bitte:
schenke mir:
das offene Herz eines Kindes,
zu glauben und zu vertrauen.
Das weite Herz einer Mutter,
zu lieben und zum Zärtlichsein.
Das mutige Herz eines Mannes
zum entschlossenen Handeln.
Amen.

2

Meditation der Vergebung

JESUS:

Wenn ihr betet, so sprecht:
Vater ... erlass uns unsere Sünden;
denn auch wir erlassen jedem,
was er uns schuldig ist.

LUKASEVANGELIUM
KAP. 11, VERS 4

Denn wenn ihr
den Menschen ihre
Verfehlungen vergebt, dann
wird euer himmlischer
Vater auch euch vergeben.

MATTHÄUSEVANGELIUM
KAP. 6, VERS 14

Der Schlüssel zum Verstehen Jesu und damit seiner Botschaft ist sein Mitgefühl mit denen, die am Rand der Gesellschaft stehen. Wer mit damals mit dem religiösen Gesetz in Konflikt geraten ist, durch Unwissenheit, Leichtsinn oder bewusste Übertretung, gehört automatisch zu den Ausgeschlossenen.

Zahlreiche Gebote, Verbote und Bestimmungen machten es einfachen Menschen zur Zeit Jesu schwer, ein gutes, anerkanntes Leben zu führen. Die große Masse der Landsleute Jesu waren religiöse Zaungäste; sie bewunderten die Hohenpriester, Priester und Schriftgelehrten, die sich in der Schrift und ihrer Auslegung auskannten – und wurden von jenen verachtet und als Sünder betrachtet.

Jesus fühlte sich zu diesen einfachen Menschen gesandt. Sie waren die »Armen«, denen die Frohe Botschaft verkündet werden sollte. In diesem Sinne war er parteiisch, denn die Ausgegrenzten hatten keinen Fürsprecher. Jesu Weg führt an die Straßen, Hecken und Zäune, denn (auch) dort findet das wahre Leben statt. Die Gesunden brauchen den Arzt nicht, argumentiert Jesus.

Diese Zuwendung gilt einem jeden von uns. Wer wollte von sich behaupten, ohne Fehler, ohne Sünde und damit ohne Schuld zu sein? Jesus verknüpft seine Zuwendung mit einer Konsequenz. Nur so geht Nachfolge: Wenn Gott wie ein barmherziger Vater als Erster Vergebung gewährt, dann muss sie genauso bedingungslos weitergegeben werden. Und schon geraten wir an unsere Grenzen. Wir sind gewohnt zu sagen: »Wenn du mich liebst, dann ...« Und auch: »Bevor ich dir vergebe, musst du ...«. Wenn aber Gott keine Bedingungen kennt, warum dann wir? Gott will nichts anderes als die folgerichtige Konsequenz.

Jesus will, dass das Konto unseres Lebens ausgeglichen wird. Es soll einen moralischen Ausgleich jener Menschen geben, die einander etwas schuldig sind. Erst dann sind sie wirklich frei, einen neuen Weg zu gehen. Wer einen Mitmenschen frei spricht, befreit sich, wird selber frei. Das ist die unmittelbare Frucht der Vergebung.

Nur auf den ersten Blick ist es erstaunlich, dass die Vergebung durch Gott an diese Bedingung geknüpft ist. Eine solche konsequente Verbindung kommt im ganzen Evangelium Jesu nicht mehr vor.

Nur auf den ersten Blick mag das erschreckend sein. Letztlich ist es tröstlich, dass Gott sich mit seiner Liebe uns Menschen in die Hand gibt: Gott vergibt, wenn wir vergeben. So einfach ist das eigentlich.

Dort wo Vergebung möglich wird, ist Liebe im Spiel. Denn nur die Liebe hat die Kraft, aus Feinden Mitmenschen, aus Gegnern Freunde, aus Verschuldeten Freie zu machen. Wo Vergebung nicht gewährt wird, beginnt sich ein Teufelsrad zu drehen. Der Hass nimmt den Menschen gefangen. Wer seine Feindschaft pflegt, fesselt sich. Er bestraft sich selbst. Der Hass macht ihn krank.

Wer nicht vergeben kann oder will, verletzt, kränkt nicht nur sich selbst. Oft geht die Unversöhnlichkeit auf die nächste Generation über und findet – wie es scheint – nicht einmal im Grab die Ruhe.

Gott vergibt. Aber er will auch, dass wir uns selbst unsere Sünde vergeben. Das ist nicht selten das größere Problem: »Das kann ich mir nie verzeihen ...«, hören wir Menschen sagen. Wie wollen wir andere lösen, wenn wir uns nicht aus den Fesseln der Feindschaft gegen uns selbst befreien können? Wie könnte einer gerecht sein zu anderen, wenn er gegen sich selbst unbarmherzig ist?

Vergebung ist kein einmaliger Akt. Das wäre der unwiderrufliche Endpunkt. Vergebung ist ein Prozess; braucht also seine Zeit. Auch wenn Jesus alles schon gerichtet hat, kann es sehr lange dauern, bis einer die Erlösung für sich angenommen hat. Ein Weiser sagte einmal, Jesus werde so lange am Kreuz hängen, bis alle Wesen befreit seien. Wie wir wissen, hat Jesus noch vom Kreuz herab vergeben: »Denn sie wissen nicht, was sie tun ...«. Für einen, der sich und anderen nicht vergibt, hängt Jesus noch immer am Kreuz.

Wir wissen oft nicht, was wir tun. Vielleicht tröstet uns das, denn nicht selten tun wir etwas Böses, Feindseliges, das wir hinterher nicht verstehen. Wir sollten dieses Nichtverstehen auch jenen zubilligen, die an uns schuldig geworden sind. Dann fällt es uns leichter, zu vergeben. Das meint auch der gute Rat, erst einmal ein Jahr lang in den Schuhen des anderen zu gehen, bevor ein Urteil gesprochen wird.

Die Vergebung öffnet uns eine Türe in das Reich Gottes. Denn mit der Versöhnung – die uns selber oder einem anderen gilt – erkennen wir die Macht Gottes an. Wir stellen sie über unser Ich und unseren eingebildeten Gerechtigkeitssinn. Im Reich Gottes sollen wir glücklich sein. Das gelingt uns nicht, wenn wir Gegner, gar Feinde haben. Sie hängen sozusagen rechts und links an, wie ein gewaltiges Hindernis, sodass wir nicht leicht durch die Türe der Seligen kommen können.

Wenn wir anfangen, einen Gegner zu lieben, einen Feind zu verstehen, dann hören sie im gleichen Augenblick auf, Gegner oder Feind zu sein. Das Himmelreich beginnt, ganz nahe, in unserer Umgebung, und die Liebe vermag, die Hölle zu überwinden, wie eine alte Legende erzählt:

Faustinus – sein Name bedeutet »kleiner Glücksbringer« – war im Kreis der jungen Leute Roms beliebt. Als Christ feierte er ihre fröhlichen Feste mit, war selber ein guter Gastgeber, hielt treue Freundschaft, bekannte sich offen und klar zu seinem Glauben. Weil er dem nicht abschwören wollte, wurde er unter Kaiser Hadrian enthauptet und mit der Krone des Himmels belohnt. Als nach einigen Jahrzehnten auch alle seine früheren Freunde gestorben waren, sah er sie vom Himmel aus in der Hölle. Er bat darum, sie wenigstens besuchen zu dürfen; das wurde ihm schließlich gewährt. Als Faustinus ihre Gottferne und ihr Elend erlebte, beschloss er aus Liebe zu seinen Freunden nicht in den Himmel zurückzukehren, sondern in der Hölle zu bleiben. In diesem

Augenblick hörte durch seine Liebe die Hölle auf, Hölle zu sein.

Das ist kein frommes Wunschdenken. Die Hölle zu überwinden, das gelingt der Liebe schon in unserer Welt viele tausend Mal. Sie entfaltet ihre positive Wirklichkeit. Wir haben es doch selber schon erfahren. Es bleibt ein Rätsel, warum wir manchmal doch nicht über unseren Schatten springen können, um anzufangen, zu lieben und aus Höllen Himmel zu machen.

Vielleicht ist die Verletzung zu tief gegangen, weil wir an einer Stelle getroffen wurden, wo wir uns selber noch nicht losgelassen hatten. Oder wir haben einfach vergessen, dass wir eigentlich gut sind und aus dieser Güte handeln können wie Gott?

Jesus hilft uns, dass wir alles aufgeben können, was wir nicht sind. Das ist keine leichte Sache, aber er bleibt an unserer Seite, bis wir es geschafft haben. Es gilt deswegen zuerst alles zu benennen, was uns hindert, zu vergeben und zu vergessen. Dann fällt uns die Versöhnung wie eine reife Frucht in den Schoß.

Wer wirklich ehrlich zu sich ist, wird eine lange Liste vor sich sehen: die falsche Eitelkeit, das Nichtverstandensein, das nicht Angenommenwerden; aber auch: zu wenig bestimmen zu können, keinen

Einfluss zu haben, selten Gehör zu finden, sich nicht hinreichend geliebt zu wissen.

Jesus scheute sich nicht, jedem die Hand zu reichen, um in das neue Reich zu helfen. Wenn wir einem Menschen die Hand reichen, der auf uns wartet, entdecken wir mit ihm zusammen das Land, das uns verheißen ist. Das Land der Vergebung, in dem die Liebe blüht.

Impulse zur Meditation

- Jesu Gedanken sind meine Gedanken
- Ich nenne meinen Gegner (Feind) mit Namen
- Ich gehe mit ihm auf den Weg
- Ich vergebe, verzeihe

Gebet

Gott,
gib mir die Kraft zu verzeihen,
damit ich nicht die Brücke zerstöre,
über die ich selber täglich gehen muss,
und den Weg vergesse,
der mich zum Ziel führen soll.
Vor dir kennt die Vergebung
weder eine Zahl noch eine Grenze.
Deswegen lass mich das weitergeben,
was ich Tag für Tag nötig habe.
Amen.

Meditation des Loslassens

JESUS:

*Leistet dem, der euch etwas Böses antut,
keinen Widerstand, sondern wenn dich
einer auf die rechte Wange schlägt,
dann halt ihm auch die andere hin.*

MATTHÄUSEVANGELIUM
KAP. 5, VERS 39

Unser Leben besteht aus einer langen Kette von Erfahrungen. Haben wir uns in unserer Familie geborgen fühlen können, wird uns das Vertrauen leichter fallen, und wir erstreben im Konfliktfall eine friedliche Lösung. Haben wir Gewalt erlitten, erscheinen uns Druck und Schläge als Lösungsmittel in unseren Auseinandersetzungen. Jeder Reaktion ging als Erfahrung etwas voraus, was uns in ein Muster hineinzwingen möchte. Je öfter sich diese Erfahrung wiederholt, desto tiefer wird sie in uns eingegraben. Wir sind geprägt und tun uns schwer, aus den Vorentscheidungen auszusteigen.

Jesus durchbricht diese Vorgabe auf einfachste Weise. Er reagiert nicht, wie wir reagieren möchten. Er lässt nicht zu, dass negative Erfahrungen verstärkt werden. Er re-agiert überhaupt nicht, er agiert. Er überlässt seinem Gegner nicht die Handlungsweise: Jesus schlägt nicht zurück. Das wäre nur eine primitive Reaktion. Er hält die andere Wange hin. Er bestimmt selbst, wie es weitergehen soll. Jesus bestimmt die Spielregeln neu, oft so, dass es der Angreifer gar nicht bemerkt. Die scheinbare Schwäche hat sich längst in positive Energie und Kraft verwandelt.

Das ist der erste Schritt des Loslassens. Wir bestimmen die Spielregeln und lassen sie uns nicht von anderen aufzwingen. Gerade dort, wo wir machtlos sind, ist das möglich. Jesus gibt uns ein weiteres Beispiel, wenn er rät: »Wenn dich einer zwingen will, eine Meile mit ihm zu gehen, dann geh zwei mit ihm« (MATTHÄUSEVANGELIUM KAP. 5, VERS 41). Das klingt nur auf den ersten Blick grotesk. In Wirklichkeit ist dem Gewalttätigen das Heft des Handelns aus der Hand genommen. Seine eingebildete Macht über andere wurde durch dessen freie Entscheidung begrenzt oder gar aufgelöst.

Der zweite Schritt des Loslassens ist das Benennen dessen, was uns bindet oder fesselt: die Angst, die Eifersucht, das Habenwollen, das Sichsorgen, der Ärger, die Wut. Gestehen wir uns ein, dass sich das alles in uns auf gefährliche Weise aufstauen und dann seine zerstörerische Kraft entfalten kann. Was wir nicht erkannt haben, kann auch nicht gelöst werden.

Wir erkennen gelegentlich, dass wir unseren Ärger noch vergrößern, weil wir darüber betroffen sind, dass wir uns wegen einer bestimmten Sache oder über einen Menschen ärgern. Wir stellen beispielsweise fest, wie die Eifersucht an unserem Herzen nagt und uns immer tiefer in sie hineinsaugt. Dann lassen uns die Sorgen nicht schlafen und vergrößern sich so, dass der neue Tag schon wie eine schwere Last heraufzieht. Auch hier gilt es, laut zu benennen, was uns herunterzieht. Tun wir es nicht, wird es uns weiter festhalten und beschäftigen.

Sorgen können das Gesicht eines Menschen oder das Vertrauen in ihn zerstören, meint diese Geschichte:

Sie gehörte zu jenen Müttern, die ihre Sorgen um ihre Kinder mit der Verantwortung für deren Tun und Lassen verwechselte. So litt sie schwer unter den Entscheidungen ihrer Söhne und Töchter. Mehr und mehr wurde sie von dieser Last niedergedrückt. Die Kinder aber zogen sich von ihrer Mutter zurück, weil sie sich ständig und sorgenvoll in ihre Angelegenheiten einmischte. Darüber wurde sie traurig und depressiv; nannte ihre Kinder undankbar und herzlos, bis ein Priester ihr eindringlich sagte: »Mach dir keine unnötigen Sorgen! Wir alle müssen erst einmal durch ein Stück raues und wildes Meer rudern. Das kann uns niemand abnehmen. Haben wir es geschafft, dann kehren wir gerne in den elterlichen Hafen zurück.«

Jeder Widerstand, das haben wir erfahren, ist letztlich zwecklos. Er vergrößert das Unheil und verstärkt den Unfrieden: Wir schlafen nicht ein, wenn wir bewusst einschlafen wollen. Wir greifen wieder und wieder zur Zigarette, wenn wir ständig daran denken, nicht mehr zu rauchen. Wo wir unseren Widerstand einsetzen, wirken wir wie eine Mauer, die sich einem schmalen Bach entgegenstellt. Das Rinnsal mag noch so dürftig sein, mit der Zeit wird seine Gewalt stärker und stärker und unsere Mauer wird immer höher sein müssen, um zu widerstehen und nicht überflutet zu werden. Wir verstehen, dass das nicht endlos so weitergehen kann: Die Katastrophe ist programmiert.

In dieser Situation rät Jesus: Leiste keinen Widerstand. Lass los. Lass alles, was dich belastet, an dir vorbeiströmen und sieh zu, wie es wegfließt. Alles andere verstärkt das Schwere und Böse, lässt es so anschwellen, dass am Ende nur noch die Zerstörung übrigbleibt. Nur neues, schlimmeres Leid wird durch den Widerstand erzeugt. Die Spirale der Gewalt, und wäre sie nur gedanklicher Natur, dreht sich weiter. Und mit ihr verbohrt sich der Mensch nur tiefer in den Abgrund. Am Ende steht uns das

Wasser des Unheils bis an den Hals und droht uns zu verschlingen.

Das Loslassen ist eine der wichtigsten spirituellen Regeln, die uns das Reich Gottes eröffnet. Wir lassen los, sind nicht zur Re-Aktion gezwungen und gewinnen etwas Neues. Wir gewinnen eine unbeschreibliche Freiheit. Alle wichtigen spirituellen Lehrer haben das Loslassen als entscheidende Voraussetzung für einen neuen Weg gelehrt. Sonst bleibt alles beim (bösen) Alten.

»Hast du die Verbrecher losgelassen, die dich zu Unrecht gefangen und gequält haben?«, wurde ein Mensch gefragt. »Nie und nimmer, warum sollte ich!«, gab der Gefragte zur Antwort: »Nie und nimmer werde ich vergeben und vergessen!« – »Dann sitzt du noch immer im Gefängnis!«

Man kann nicht lange mit einem streiten, der die Ruhe bewahrt. Man kann nicht gegen einen kämpfen, der die andere Wange hinhält. Man kann keinen zu Fall bringen, der ausweicht. Überall ist das Lassen die Methode, die zum friedfertigen Ziel führt. Auch wenn es zunächst scheinen mag, man habe verloren.

Wir fotografieren eine Landschaft oder die Gäste einer Geburtstagsfeier, um das schöne Bild oder das festliche Ereignis aufzubewahren. Doch schon in dem Augenblick, in dem das Bild entstanden ist, gehört es der Vergangenheit an. Die Vergangenheit aber ist vorbei. Die Bilder allerdings, die in unser Herz eingeprägt wurden, werden zu Erinnerungen, die im Laufe der Zeit noch an Farbe gewinnen können. Weil sie tiefer gehen, verwandeln sie sich in die Bewunderung von Gottes Schöpfung oder in Dankbarkeit gegenüber den Menschen, die mit uns den Alltag und das Fest teilen. Die Erinnerung ist eine besonders schöne Art des Lassens, weil sie wie das Leben im Fluss bleibt.

Die Bereitschaft zum Loslassen verändert unseren Lebensstil. Wir gebrauchen die Angebote dieser Welt, aber wir lassen uns von ihnen nicht missbrauchen. Wir genießen, was uns geschenkt wird, liefern uns aber der (Genuss-)Sucht nicht aus. Wir bewohnen ein Haus, aber wir sind von dieser Immobilie nicht besessen. Diese Freiheit schenkt das Loslassen. Wer einmal von dieser Freiheit gekostet hat, möchte sich nie mehr in falsche Abhängigkeiten begeben.

Das gilt auch in einer Partnerschaft. Dort heißt Loslassen: umarmen, aber nicht festhalten – Halt geben, aber nicht klammern – Gespräche führen, aber nicht überreden – Schweigen in aller Gelassenheit, aber es nicht wie eine Waffe einsetzen.

Jesus führt die Lehre vom Loslassen zu ihrem Höhepunkt. Er verkündet: »Wer an seinem Leben hängt, verliert es; wer aber sein Leben in dieser Welt gering achtet, wird es bewahren bis ins ewige Leben« (JOHANNESEVANGELIUM KAP. 12, VERS 25). Er setzt sein eigenes Leben als Beweis für diese Worte ein.

IMPULSE ZUR MEDITATION

- Ich benenne meinen Widerstand
- Ich atme mit Jesus und lasse los
- Ich lasse mich los
- Ich fühle mich froh und frei

GEBET

Gott, ich gewinne ein Stück des Himmels,
wenn ich loslasse, was mich belastet,
ich werde frei,
wenn ich mich befreien lasse.
Aber offenbar kann ich erst dann
Schweres aus der Hand geben,
wenn ich bereit bin,
es anzunehmen und zu lieben.
Dazu hilf mir. Amen.

Meditation der Gelassenheit

JESUS:

Wer sein Leben zu bewahren sucht,
wird es verlieren;
wer es dagegen verliert,
wird es erhalten.

LUKASEVANGELIUM
KAP. 17, VERS 33

Ein Schüler fragte seinen Religionslehrer: »Was bedeutet das Wort Jesu: ›Wer sein Leben verliert, wird es gewinnen?‹ – Ich stehe am Anfang meines Lebens und soll es schon loslassen?«

Der Lehrer erzählte: »Das kleine Küken in der Eierschale sieht zunächst sein Leben in der Sicherheit geborgen. Es ist rundum zufrieden und vor der ganzen Welt geschützt. Doch seine Entwicklung geht weiter. Auf einmal wird die Schale zum bedrückenden, hinderlichen Gefängnis. Jetzt kommt es darauf an, ob das Küken sein bisheriges Leben loslässt und die harte Eierschale knackt oder ob es in der Enge zugrunde gehen will.«

Der Religionslehrer schloss seine kleine Geschichte: »So ergeht es einem Menschen, der im engen Panzer seines Ich eingeschlossen bleibt. Das bedeutet das Wort Jesu: ›Wer sein Leben retten will, wird es verlieren; wer es um meinetwegen verliert, der wird es gewinnen.‹«

Wer loslässt, gewinnt Freiheit, Gelassenheit, ein neues Leben – das uralte spirituelle »Gesetz«, das, wie gesagt, in allen Religionen gilt. Die Gelassenheit fällt uns durch das Loslassen nach einer gewissen Zeit wie eine reife Frucht in den Schoß. Der Gelassenheit steht die Sorge gegenüber, zum Beispiel die Sorge um das eigene Leben. Die Sorge drückt nieder, die Gelassenheit erhebt. Die Sorge lässt nur den Boden sehen, die Gelassenheit schenkt den Blick in die Weite.

Alle unsere Ängste sind letztlich Lebensängste. Damit haben wir unsere Erfahrungen. Darin wurden wir geschult. Schon die Geburt, manchmal auch das vorgeburtliche Leben sind mit großen Ängsten besetzt. Weitere Ängste entwickelten und verstärkten sich: die Angst, alleingelassen oder verlassen zu werden. Die Angst, nicht rechtzeitig Hilfe zu erhalten. Die Angst, nicht verstanden oder übersehen zu werden. Die Angst, nichts wert, nicht liebenswert zu sein. Alle diese Ängste und noch viele mehr veranlassen uns, festzuhalten, was wir haben. Wir möchten nichts, keinen Teil unseres Lebens verlieren. Keinesfalls möchten wir tiefer in die Angst versinken. Deswegen versuchen wir uns nach allen Seiten abzusichern.

Das Lassen dagegen erreicht unsere Ängste von einer ganz anderen Seite her und löst sie auf. Mit der Gelassenheit entsteht ein Raum von Ausgeglichenheit und Zufriedenheit. Es ist ein heiliger Raum, in dem uns gute Gedanken kommen. Es ist ein Ort, an dem sich unsere Energie sammeln kann. Die Gelassenheit nimmt den Ängsten jenen falschen Wert, den sie sich zugelegt haben, um »Eindruck« zu machen. Ohne Wert, ohne Eindruck laufen die Ängste ins Leere.

Die Gelassenheit, die Jesu lehrt, lässt uns erkennen, dass wir ohnedies nichts festhalten können. Wir können nach vielem greifen, werden aber nur Weniges wirklich begreifen. Auch wenn wir uns Besitzer einer Sache nennen, werden wir doch nichts wirklich und endgültig besitzen. Was wir in der geschlossenen Hand festhalten möchten, rinnt uns zwischen den Fingern hindurch. Wenn das so ist, warum dann nicht gleich freiwillig loslassen und sich an nichts im Sinne einer Fesselung binden? Annehmen, was uns geschenkt wird, um es loszulassen: den Tag, eine Begegnung, eine Erfahrung. Letztlich auch das Negative, Schmerz und Leid.

Unsere Gedanken sind flüchtig. Sie ziehen wie die Wolken am Himmel und sind bald wieder verschwunden. Sie schlagen wie die Wellen des Meeres an das Ufer und lösen sich auf. Erst wenn wir sie festhalten als sorgende Gedanken, als eifersüchtiges Vorurteil, gar als Gedanken der Rache, dann entwickeln sie sich in uns zu Marterwerkzeugen, die uns nicht schlafen und oft genug keinen anderen, keinen guten Gedanken mehr fassen lassen. Wer so festhält und sich wie gefesselt fühlt, wird sich bald sagen: Das ist kein Leben mehr.

Gelassenheit bringt Heilung in dieses verfestigte, unterdrückte Leben. Eine Gelöstheit, die alle Dinge nicht wichtiger nimmt, als sie sind. Sie verlieren sofort an Gewicht und an Wert, wenn wir sie in Beziehung zum jeweils Größeren setzen. Ganz im Sinne der Einstellung der Iren, die auf jedes Unglück reagieren: Es hätte noch schlimmer kommen können.

Eine heitere Weisheit erzählt: Wenn du krank wirst, hast du zwei Möglichkeiten: Du wirst wieder gesund. Das ist gut.

Wirst du nicht mehr gesund und stirbst, hast du zwei Möglichkeiten. Du kommst in den Himmel. Das ist gut.

Kommst du aber in die Hölle, dann hast du nur noch eine Möglichkeit: Du triffst dort viele Bekannte und Freunde. Auch das ist gut.

Ein leichter Sinn spricht aus dieser hintergründigen Überlegung, nicht zu verwechseln mit Leichtsinn. Der leichte Sinn löst vieles auf, manchmal über Nacht nach dem Wort des Psalms: »Es ist umsonst, dass ihr früh aufsteht und euch spät erst niedersetzt, um das Brot der Mühsal zu essen; was recht ist, gibt der HERR denen, die er liebt, im Schlaf« (PSALM 127, VERS 2).

Die Gelassenheit nimmt das Heute ernst, bleibt aber nicht am Gestern hängen und macht sich keine Gedanken um das Morgen. Wer sein Leben festhält, bündelt die Schwere der Vergangenheit und schnürt sie mit den Sorgen und der Last des Kommenden zusammen. Das macht den Tag zu einem Albtraum, statt zu einem Geschenk: »Sorgt euch also nicht um morgen; denn der morgige Tag wird für sich selbst sorgen. Jeder Tag hat genug an seiner eigenen Plage« (MATTHÄUSEVANGELIUM KAP. 6, VERS 34). So bringt es Jesus auf den Punkt. Wer den Tag nimmt, wie er kommt, übt Gelassenheit.

Gelassenheit hat auch viel mit Geschehenlassen zu tun. Es gibt Dinge, die wir nicht ändern, Ereignisse, die wir nicht aufhalten können, oder auch Schmerzen, die wir ganz einfach aushalten müssen. Geschehen lassen bedeutet dann nicht, das alles zu vermeiden, sondern zuzulassen, weil es so ist, wie es ist. Wenn der Schmerz nicht mit der Angst verkoppelt wird, ist er bald weniger schmerzhaft, und ein schlimmes Ereignis, das nicht zu beeinflussen war, nehmen wir weniger ernst. Dinge, die wir nicht imstande sind, zu verändern, treffen uns heiter und belasten uns deswegen nicht zusätzlich.

Als Hilfe diene uns dieses überlieferte Gebet:

Herr, gib mir den Mut, Dinge zu ändern,
die ich ändern kann,
die Gelassenheit, Dinge zu ertragen,
die ich nicht ändern kann,
und die Weisheit,
zwischen beidem zu unterscheiden!

Gelegentlich wird das Gebet Thomas Morus (1478–1535) zugeschrieben. Vermutlich stammt es aber aus den USA, dort ist es um 1940 als *Serenity Prayer*, als »Gebet um Gelassenheit« bekannt geworden.

Wenn ich meinen neuen Tag beginne, spreche ich vor der Meditation einen Text, der in seinen Kerngedanken aus dem Sanskrit, der altindischen »heiligen Sprache«, stammen soll, wie ein Gebet:

Im Namen Gottes
achte gut auf diesen Tag.
Es ist dein Tag.
Achte gut auf die Menschen.

Sie sind dir anvertraut.
Jeder neue Tag ist dein Leben.
Er ist ein Geschenk für dich:
Heute ist dein Tag.
Sei dankbar und freue dich
über die Sonne am Morgen.
Lebe im Frieden mit dir
und finde zur Ruhe in der Nacht.
Sei gesegnet
und werde zum Segen für alle Menschen,
die dir heute begegnen.

Das ist gelassenes Leben. Ein Leben, das losgelassen, letztlich Gott selber in die Hand gelegt wird. Er schenkt es auf seine Weise und ganz neu zurück. Solcherart geübt, kommt das Loslassen nicht nur als Gelassenheit zurück, sondern auch als Wachheit für die Dinge des Lebens und als Achtsamkeit auf alles, was ist.

Gelassenheit hat nichts mit Leichtsinn oder Oberflächlichkeit zu tun, sondern wurzelt in der Verantwortung vor dem Leben, das nicht festgehalten werden will und kann. Alles Leben ist Bewegung, ist im Fluss. In diesem Strom des Lebens schwimmen wir mit und achten zugleich auf alles, was im Fluss ist, und sind dankbar.

Wenn die Zeit reif ist, füllt sich die Gelassenheit mit Früchten, wie diese kleine Geschichte andeutet:

Mit einiger Sorge beobachtete der Abt die Unruhe eines jungen Bruders, der erst kürzlich in die Gemeinschaft aufgenommen worden war. Auf seine Frage antwortete der junge Mann: »Jetzt lebe ich schon einige Monate im Kloster, aber ich habe die ersehnten geistlichen Schätze noch immer nicht gefunden.«

Der Abt beruhigte ihn mit folgender Weisheit: »Auf die geistlichen Kostbarkeiten müssen wir gelassen warten; wer angestrengt sucht, der findet die falschen Güter.«

Wer sein Leben loslässt, gewinnt. Er wird wiedergeboren zu einem neuen Leben.

Weil dieses Leben nicht alles ist, wird uns ein neues Leben geschenkt, das die Angst, die übertriebene Lebenssorge, die Zukunftserwartungen im Strom der Gelassenheit auflöst. Der uns das Leben geschenkt hat, wird es für das ewige Leben bewahren.

IMPULSE ZUR
MEDITATION

Ich fühle mich ganz leicht
Ich lebe jetzt
Ich atme mit Jesus durch den Tag
Es ist alles gut

GEBET

Gott der Freude
und des leichten Sinns,
schenke mir die Fröhlichkeit
eines Vogels am hellen Morgen,
die Lebendigkeit eines Fohlens
am Mittag auf der Weide,
die Gelassenheit eines Schafes
am Abend im Stall. Amen.

5

Meditation des eigenen Schattens

JESUS:

Was ich aber euch sage,
das sage ich allen:
Seid wachsam!

MARKUSEVANGELIUM
KAP. 13, VERS 37

Nimm deinen Schatten zum Weggefährten. Das ist ein überraschender Aufruf, den man von der spirituellen Seite her vielleicht am wenigsten erwartet. Er sagt schlicht: Nimm deine dunklen Seiten, nimm die schwarzen Flecken deines Lebens an. Es heißt nicht: Bekämpfe deine negativen Seiten. Wir ahnen sehr schnell, dass aus einem Kampf sehr schnell ein Krampf werden kann. Als Beispiel diene der Kampf gegen das Übergewicht, der unter dem Einsatz von vielen Diäten geführt wird. Er muss misslingen, weil er ein Kampf gegen sich selbst ist.

Nimm deinen Schatten zum Weggefährten. Akzeptiere, dass du das auch bist. Geh achtsam, geh barmherzig mit dir um, und versuche behutsam an dir zu verändern, was dir missfällt oder was nicht gut für dich ist.

Jesus ruft zur Wachsamkeit auf. Uns gegenüber besteht diese Wachsamkeit in der Selbsterkenntnis. Augustinus sagt: »Der Mensch muss zuerst zu sich finden, zu seinem Selbst, als wäre es eine Treppe, auf der er zu Gott aufsteigen kann.«

Der Weg zu sich selbst – sich sagen zu müssen: Das bist du also auch – kann sehr schmerzlich sein. Schließlich gilt es einen dunklen Punkt nach dem anderen zu benennen, jene Wunden, unter denen wir selbst leiden. Letztlich ist es ein befreiender Prozess, an dessen Ende wir uns nicht mehr verstecken müssen. Wir können vor uns selber, dann auch vor den anderen sein, wie wir sind.

Es ist ein ganz besonderes *Coming out*, das sich vollzieht und aus Schmerzen Freuden macht. Dann kann uns trotz unserer Schwächen auf einmal ein Glücksgefühl durchströmen, nach dem wir lange gesucht haben. Unser spiritueller Weg nach innen, zu uns selbst, wird nicht nur Konflikte und Schwachstellen ans Licht bringen, er wird sie auch lösen und dann unser Wachstum fördern.

Das Ja zu unserem Schatten löst uns aus der Verkrampfung und den Schwächen, die durch ein ständiges Verdrängen oder Nichtwahrhabenwollen entstehen. Das weiß auch diese Geschichte:

Ein Mann bemerkte voller Schrecken den Schatten an seiner Seite. Noch nie hatte er den dunklen Fleck, der mal größer, mal kleiner mit ihm ging, bewusst wahrgenommen. Also fing er an, vor seinem

Schatten davonzulaufen. Doch der Schatten folgte ihm, lief ihm manchmal sogar voraus, sodass er sich umwandte und in die Gegenrichtung lief. Schließlich brach er vor Erschöpfung zusammen. Als er wieder zu sich kam, fand er sich in den Armen eines Mannes, der ihn gütig streichelte: »Mein armes, dummes Kind: Wusstest du nicht, dass ich dich mit deinem Schatten liebe. Ihr beiden gehört zusammen wie Bruder und Schwester.«

Wer bewusst seinen Schatten zum Weggefährten nimmt, wird sehr schnell feststellen, dass sich ein auffälliger Wandel vollzieht. Wer beispielsweise seine Aggressionen bewusst wahrgenommen und angenommen hat, kann leichter mit seinem Zorn umgehen. Er durchschaut seinen Zorn und muss am Ende sogar darüber lachen, wegen welcher Kleinigkeiten oder Nebensächlichkeiten die Zornesader schwillt.

Wer vorher gegen sein Übergewicht – meist erfolglos – kämpfen musste, kann unverkrampft mit seinen Pfunden leben und sie langsam, aber sicher verlieren.

Manche halten die Auseinandersetzung mit dem eigenen Schatten für einen Kampf zwischen Gut und Böse. Sie führen dann Krieg gegen sich selbst. Das kann nicht gut gehen, weil auch das Negative ein wichtiger Teil von uns selbst ist.

Wer gut auf sich achtet und gut mit sich umgeht, sorgt sich auch um seinen Schatten. Dafür gibt es ein schönes Bild: Das makellose Weiß der Lotosblüte wächst aus trübem Sumpf. Der strahlende Glanz der Seerose treibt aus Schlick und Schlamm. Oder: Aus Kompost entsteht nahrhaftes Gemüse, erblühen die schönsten Blumen, bevor sie wieder in den Kompost versinken.

Lernen wir aus diesen Bildern, die auch Jesus gebraucht. Schon die Vorstellung des Guten nimmt dem Schlechten seine Kraft. Auch hier folgen Energie und Leben den Gedanken.

Wenn einer meiner Schatten »Zorn« heißt, dann denke ich an die starke Energie, die in Wut und Zorn stecken, und lenke sie zu einem besonderen Interesse, zu einer Arbeit, in ein soziales Engagement, in den Sport, auf ein Hobby. Mit der Zeit wird der Zorn schwächer und schwächer, weil ihm die Energie ausgeht; der positive Einsatz stärker. Aber Vorsicht! Nicht gleich bei jedem Rückfall aufgeben.

Wer seinen Schatten liebgewonnen hat, wird bald schöne Blumen pflücken und gute Früchte ernten. Doch bleibt die Wachsamkeit immer gefragt: Der Rückfall in die alten Muster ist vor allem dort programmiert, wenn zwar eine Veränderung, aber noch keine tiefgreifende Verwandlung erreicht worden ist.

Denn die Veränderung bleibt an der Oberfläche. Wenn sich der Lack löst, erscheint wieder die Grundfarbe. Durch die Verwandlung entsteht etwas Neues. Der neue Mensch, von dem Jesus spricht, ist einer, der sich vom guten Geist Gottes hat verwandeln lassen.

Selten ereignet sich die Verwandlung schlagartig, wie wir das von einem Wunder erwarten mögen. Sie ist eher ein längerer Prozess, wie wir das vom Keimen, Wachsen und Reifen der Saat her kennen. Erst ganz am Ende wird die Verwandlung sichtbar.

Das ist unser kleines Geheimnis: Je mehr wir den lichten Seiten in uns Raum geben, desto leichter können wir auf unsere Schatten sehen und sie annehmen. Spirituelle Lehrer raten, die Schatten zu umarmen und sie dann loszulassen.

Auch Jesus hatte sich mit seinen Schatten auseinanderzusetzen. Seine Versuchungen, die uns überliefert sind, wurden in die Wüste verlegt. Dort in der Einsamkeit, wo ein Mensch ganz auf sich allein verwiesen ist, fallen sie stärker ins Gewicht. Es gibt kein Ausweichen und kein Verdrängen mehr.

Jesus musste drei Schatten als Weggefährten annehmen; letztlich sind sie ihm bis ans Kreuz geblieben. Aber er hat diese Seiten seines Lebens verwandelt und sie für die Verkündigung der Frohen Botschaft nützlich gemacht.

Er weigerte sich aus Steinen Brot zu machen, um den Menschen ein anderes Brot zu schenken, das nicht verschimmelt, das Nahrung ist zum ewigen Leben. Zugleich ermunterte er die Menschen, die mit ihm auf den neuen Weg gehen wollten, das Brot solidarisch zu teilen. Er pries jene selig, die hungerten, und jene, die den Hunger stillten.

Jesus verweigerte sich dem Schauspiel, vor den Augen der Sensationslüsternen von der Zinne des Tempels zu springen. Dafür lehrte er die Menschen, sich voller Vertrauen in die Hände Gottes fallen zu lassen. Das verlangt mehr Glauben und mehr Hingabe, als eine Schau zu vollziehen.

Jesus weigerte sich, die Macht über die ganze Erde und alle Reiche der Welt anzustreben, um seinen Nachfolgern eindringlich zu sagen: »Ihr wisst, dass die Herrscher ihre Völker unterdrücken und die Großen ihre Vollmacht gegen sie gebrauchen. Bei euch soll es nicht so sein, sondern wer bei euch groß sein will, der soll euer Diener sein, und wer bei euch der Erste sein will, soll euer Sklave sein« (MATTHÄUSEVANGELIUM KAP. 20).

Diese Kraft zur Verwandlung steckt in einem jeden von uns.

Auch die Gemeinde, die nach dem neuen Weg Jesu eine Stadt auf dem Berg und Licht für die

Völker sein sollte, hat große Probleme mit ihrem Schatten. Wird das Dunkle als Fremdes verdammt und das eigene Licht so hochgestellt, dann leuchtet es den wenigsten für ihr Leben. Vor allem aber: Man übersieht die Fehler und Schrecken, die durch eigenes Handeln verursacht werden. Es gibt weder den perfekten Menschen noch heilige Strukturen. Auch die Gemeinde Jesu ist nur heilig durch den Auftrag, den sie von Gott für die Menschen hat.

Wir könnten über diese wie über unsere eigenen Schwächen und Schatten lächeln, wenn sie nicht so großes Unheil über die Menschheit und Erde gebracht hätten. Es ist Zeit, die Schatten ernst zu nehmen und zugleich darauf zu vertrauen, dass wir auch in unseren Schatten von Gott geführt und von ihm geliebt sind.

Wer mit seinem Schatten geht, erhält zugleich die Zusage Jesu: »Sei gewiss: Ich bin bei dir alle Tage ...« (VGL. MATTHÄUSEVANGELIUM KAP. 28, VERS 20). Jesus geht an unserer Seite, auch wenn uns die Dämonen der Wut, der Gier, des Stolzes plagen. Seine Nähe relativiert unsere Schatten und integriert sie in unser Leben. Aus der Wut wird Engagement, aus dem Stolz Selbstbewusstsein und aus der Gier Ausdauer und Geduld. Wer seinen Schatten zum Weggefährten nimmt, macht sich selbst zum Freund.

Wer den Freund in sich nicht kennt, wird nicht selten vom Gefühl größter Einsamkeit überwältigt. Wirkliche Freundschaft mit sich selbst erlaubt keine Täuschung; denn Glaubwürdigkeit ist in einer Freundschaft das Wichtigste. Wenn wir einem Freund etwas vormachen, machen wir uns selbst etwas vor. Wer sich selbst Freund geworden ist, kann Freunde gewinnen. Jesus, der sich ganz und gar Freund war, der bis in den Tod hinein zu sich und zu seinem Lebensziel stand, sagt zu uns: »Ich nenne euch nicht mehr Knechte ... vielmehr habe ich euch Freunde genannt« (JOHANNESEVANGELIUM KAP. 15, VERS 15).

Wer nur die Schatten der anderen wahrnimmt, zeichnet Feindbilder, die sich bald fest in ihm einprägen und nur noch mit geschwärzter Brille sehen lassen. Dieses Verhalten prangert Jesus unter einem eindeutigen Bild an: »Warum siehst du den Splitter im Auge deines Bruders, aber den Balken in deinem Auge bemerkst du nicht?« (MATTHÄUSEVANGELIUM KAP. 7, VERS 3).

Immer wenn wir auf unseren eigenen Schatten stoßen, sollten wir ihn fragen: Was willst du mir sagen? Denn wir sind nur so gesund, wie unsere Fähigkeit zur Selbstkritik beschaffen ist. Denn dann wird unser Schatten zu einem heiligen Ort.

IMPULSE ZUR
MEDITATION

Ich benenne meinen Schatten
Ich lasse ihn los
Ich achte auf den Weg Jesu
Ich gehe mit ihm

GEBET

Du Gott im Licht,
die Schattenseite meines Lebens
wird hell unter deinen Strahlen,
und meine dunkelste Stelle
kann zum Wegweiser werden,
der mich zu dir führt.
Lass mich meinen Schatten
zum Weggefährten nehmen
als einen Freund,
damit er mich führe zu dir. Amen.

Meditation des Mitgefühls

JESUS:

Als er die vielen Menschen sah,
hatte er Mitleid mit ihnen;
denn sie waren müde und erschöpft
wie Schafe, die keinen Hirten haben.

MATTHÄUSEVANGELIUM
KAP. 9, VERS 36

Ein Junge kam in eine Zoohandlung und wollte sich einen kleinen Hund kaufen. Zwölf Euro hatte er sich dafür abgespart. »Ob das wohl reicht?«, fragte er den Verkäufer. Der meinte, »so zwischen 50 und 80 Euro kosten diese Welpen hier schon. Aber da ist ein junger Hund, der hat einen Geburtsschaden, er wird nie richtig laufen können. Wenn du ihn magst, dann schenke ich ihn dir.« Der Junge antwortete: »Ich werde ihn kaufen. Hier sind die zwölf Euro.« – »Nein, nein!«, wehrte der Händler ab. »Ich schenke ihn dir. Er wird nie mit dir rennen und toben können wie andere Hunde.« Doch der Junge bestand darauf, den behinderten Welpen zu kaufen. Er zog seine Hose hoch und zeigte die Metallschiene, die sein kraftloses Bein stützte: »Der Hund kann gut jemand gebrauchen, der ihn versteht.«

Mitgefühl muss zum Mitleiden führen, sonst bleibt es trocken und unfruchtbar. Jesus zeigt seine Zuwendung im Mitleiden und fordert im gleichen Atemzug auf, die Zustände zu ändern, die zum Leid geführt haben.

Jesus liefert uns in seinem Gleichnis vom barmherzigen Samariter ein sprichwörtlich gewordenes Beispiel:

Ein Mann ging von Jerusalem nach Jericho hinab und wurde von Räubern überfallen. Sie plünderten ihn aus und schlugen ihn nieder; dann gingen sie weg und ließen ihn halbtot liegen. Zufällig kam ein Priester denselben Weg herab; er sah ihn und ging vorüber. Ebenso kam auch ein Levit zu der Stelle; er sah ihn und ging vorüber. Ein Samariter aber, der auf der Reise war, kam zu ihm; er sah ihn und hatte Mitleid, ging zu ihm hin, goss Öl und Wein auf seine Wunden und verband sie. Dann hob er ihn auf sein eigenes Reittier, brachte ihn zu einer Herberge und sorgte für ihn. Und am nächsten Tag holte er zwei Denare hervor, gab sie dem Wirt und sagte: Sorge für ihn, und wenn du mehr für ihn brauchst, werde ich es dir bezahlen, wenn ich wiederkomme.
(LUKASEVANGELIUM, KAP. 10, VERSE 30–35)

Während der Priester und der Levit vorübergehen, nimmt der Samariter das unter die Räuber gefallene Opfer wahr. Er reagiert unmittelbar und praktisch, versorgt nach besten Kräften, bringt den verwundeten Menschen an einen sicheren Ort und kümmert sich sogar noch um seine Zukunft.

Das Mitgefühl öffnet uns für den anderen Menschen. Es ist sozusagen bereit, in die Schuhe des Nächsten zu schlüpfen und zu fühlen, wo sie drücken. Eine großzügige Geste, die wir von Gott selber lernen können. Die Großzügigkeit muss in der Regel erst entwickelt werden. Denn zunächst sind wir von Enge, Ängstlichkeit, auch von Zaghaftigkeit geprägt. Wir möchten nicht zu viel von uns – vor allem nicht vorzeitig – geben. Andrerseits plagt uns nicht selten die Sorge, wir könnten das Falsche tun oder unsere spontane Hilfe würde zurückgewiesen. Wir fürchten, aufdringlich zu sein, und unterdrücken unser Mitgefühl.

Wer sein Mitgefühl ausdrücken kann, wird oft mit einem überwältigenden Gefühl der Freiheit beschenkt. Das Mitgefühl wächst durch die Übung zu einer Art Gewohnheit. Wenn uns das Fühlen für andere zur Selbstverständlichkeit geworden ist, verstärkt sich das Gefühl der Freiheit zur Freude. Wir werden erneut beschenkt. Was Paulus sagt, gilt nicht nur für die materielle Ebene: »Jeder gebe, wie er es sich in seinem Herzen vorgenommen hat, nicht verdrossen und nicht unter Zwang; denn Gott liebt einen fröhlichen Geber« (ZWEITER KORINTHERBRIEF KAP. 9, VERS 7).

Die Fröhlichkeit verbindet sich mit der Leichtigkeit des Herzens, mit einem leichten Sinn, der Schweres tragen hilft, ohne dadurch niedergedrückt zu werden. Echtes Mitgefühl lässt sich nicht niederdrücken. Es erhebt und bestärkt uns, damit wir auch die nächste Herausforderung bestehen können.

Das Mitgefühl kommt zu seiner Vollendung, wenn wir in unserem Inneren Freude und Glück darüber empfinden können, dass es einem anderen, auch durch unseren Beistand, gut geht. Es ist jenes königliche Mitgefühl, das Gott selber uns Tag für Tag schenkt. Gerade weil er uns nichts schuldet, ist sein Geschenk so groß. Wir ahmen Gott auf dieser Stufe nach, wenn wir uns anderen zuwenden, auch wenn sie damit nicht rechnen können oder sie es in den Augen anderer gar nicht »verdienen«.

Jesus sagt: »Wenn du gibst, soll deine linke Hand nicht wissen, was deine rechte tut« (MATTHÄUS-EVANGELIUM KAP. 6, VERS 3). Das ist mehr als ein schönes Wortspiel. In unserem Kopf sitzt das sachliche und vernünftige Denken auf der linken Gehirnhälfte; das Mitfühlen und Mitleiden ist rechts angesiedelt. Das will uns sagen: Menschliches Mitfühlen ist oft ein besserer Ratgeber als die Logik und der Verstand.

Das Mitgefühl ist ein Tun und eine Haltung der leichten Hand. Wer lange überlegen oder gar mit sich selber streiten muss, bevor er sich seinem Nächsten zuwendet, der ist noch auf dem Weg. Was wir allerdings in hartem Training erreicht haben, wird uns künftig leichtfallen. Tugend ist nichts anderes als Gutsein mit der leichten Hand.

Sehr früh haben spirituelle Lehrer damit begonnen, das Mitgefühl auf eine göttliche Ebene zu heben. Jesus selber hat in seinem Gleichnis dazu den Anstoß gegeben: »Was ihr für einen meiner Geringsten getan habt, das habt ihr mir getan« (MATTHÄUSEVANGELIUM KAP. 25, VERS 40)

Wer sich einem Mitmenschen fühlend zuwendet, begegnet dem Christus selber. In vielen schönen Geschichten wird das bestätigt: Als Martin seinen Mantel mit dem Bettler teilt, entdeckt er in dessen Gesicht die Züge Jesu.

Dem Mitgefühl steht in uns nicht die Gefühllosigkeit entgegen; eher das Minderwertigkeitsgefühl. Das ist eine alte Erfahrung: Wer sich selbst nichts wert ist, ist nicht liebenswert. Wer nicht genießen kann, wird bald ungenießbar sein. Jeder Mangel fällt zunächst einmal auf uns zurück, und wir haben alle Hände voll zu tun, um uns selber zufriedenzustellen. Oft kommen wir aus einem bloßen Selbstmitleid nicht heraus.

Manchmal sind unsere Überlegungen, einem anderen beizustehen oder nicht, von dem Gedanken bestimmt: »Was habe ich denn davon?« Wir lassen uns von uns selber fesseln. Jede Art von Hilfe, Mitgefühl oder Mitleid empfinden wir dann wie ein Opfer, das uns mehr belastet als erfreut. Trotz unseres an sich guten Einsatzes bleibt dann eine Missstimmung in uns zurück. Wir spüren, dass unser Fühlen und Tun nur aufgesetzt, dass es nicht ehrlich war. Wir haben uns dem anderen nicht wirklich geöffnet. Wir haben mit ihm nur gespielt.

Das typische Beispiel eines unehrlichen Mitgefühls ist das Vertuschen. Da verschweigt ein Partner den Alkoholismus des anderen und erträgt dessen Sucht, leidet an der Krankheit mit. Dieses falsche Mitgefühl verhindert aber die Heilung. Mitgefühl ist kein sentimentales Zulassen. In diesem Falle wäre Bestimmtheit, Entschlossenheit und Aufdeckung der Sucht die bessere Art, sein Mitgefühl und das Mitleid zu beweisen: Weil du schwach und krank bist, zeige ich Stärke. Ich stehe dir bei, bis du es geschafft hast.

Zu einer sehr jungen Seiltänzerin und ihrem erfahrenen Partner sagte ein Zuschauer nach einer waghalsigen Vorführung auf dem Hochseil ohne Netz und doppelten Boden: »Es ist gut, dass ihr aufeinander aufpasst!« Das Mädchen antwortete: »Nein, in unserer Kunst muss jeder gut auf sich selbst aufpassen. Das ist die allerbeste Art auch den anderen zu schützen.«

Wer sein mitfühlendes Herz anderen zuwenden will, braucht erst einmal eigene Sicherheit und Stabilität, also ein gutes Gefühl für sich selbst. Wir brauchen als erstes die Achtung vor uns selbst, das wird oft vergessen, nicht selten wird sogar gepriesen: »Dieser Mensch hat sich für andere geopfert und sich selbst ganz zurückgestellt.«

Wenn von einer Mutter in der Todesanzeige zu lesen ist: »Ihr Leben war nichts als Mühe und Sorge für ihre Familie«, dann müsste das den Angehörigen zu denken geben. Gott macht keinen Menschen zum Opfer, und Gott will keine Menschenopfer. Natürlich ist das liebende Mitgefühl zu Opfern, wie wir sagen, fähig. Doch wenn es nicht das Gefühl der Zufriedenheit, der Freude und des Glücks auslöst, war es der falsche Weg. Ein gesundes Mitgefühl macht sich nicht von anderen abhängig und lässt sich nicht unterdrücken.

Zum Mitgefühl gehört nicht nur das Ja-, sondern auch das Nein-sagen-Können. Wer auf dem Weg ist, soll sein Herz befragen und darauf achten, was das innerste Motiv des Handelns ist. Wir merken dann sehr schnell, ob es offen ist oder abhängig, ob es sich ängstigt oder frei ist.

Mitgefühl will alles heilen, womit es in Berührung kommt. Wir alle kennen die heilsame Wirkung, die von der mütterlichen Hand ausgelöst wurde: Sie streichelte uns behutsam, mitfühlend, und löste die seelische Not wie körperlichen Schmerz durch ihre Zuwendung, Nähe und Wärme gleichermaßen auf.

Mitgefühl hat keine Angst vor dem Leid. Wer ehrlich mit anderen fühlt, setzt sich auch ihrem Leid aus. Dann wandelt sich das Mitgefühl in Mitleid, das vom anderen verstanden und angenommen werden kann.

IMPULSE ZUR
MEDITATION

Ich stehe zu meinen Gefühlen
Ich lasse mein Mitgefühl zu
Ich stehe zu meiner rechten Hand
Ich fühle mit Jesus

GEBET

Gott,
aus deiner Zuwendung lebe ich,
die du mir reichlich schenkst.
Lass mich verschwenderisch sein
und dein Mitleid
mit allen Menschen bezeugen.
Lass mich noch mit jenen fühlen,
die keine Gefühle mehr zeigen können,
und bei ihnen aushalten. Amen.

Meditation der Achtsamkeit

JESUS:

Amen, ich sage euch:
Wer das Reich Gottes
nicht so annimmt wie ein Kind,
der wird nicht hineinkommen.

LUKASEVANGELIUM
KAP. 18, VERS 17

Ein Kind ist mit großer Achtsamkeit und Aufmerksamkeit ausgestattet. Auf diese Weise lernt es seine Mutter, seinen Vater, die Umgebung, die Welt kennen. Das Reich Gottes wird den Achtsamen anvertraut, den Kindern. Deswegen sagt Jesus: »Amen, das sage ich euch: Wenn ihr nicht umkehrt und werdet wie die Kinder, werdet ihr nicht in das Himmelreich hineinkommen« (MATTHÄUSEVANGELIUM KAP. 18, VERS 3).

Achtsamkeit. Das ist das Schwerste, was Christen heute wieder lernen müssen. Zu tief steckt uns allen das Missverständnis des biblischen Wortes »Bevölkert die Erde, unterwerft sie euch und herrscht …« (GENESIS KAP. 1, VERS 28) in den Knochen. Der Mensch als die »Krone der Schöpfung« hielt alles für erlaubt. Deswegen hat er (fast) alles nur nach seinem unmittelbaren Nutzen beurteilt. Nur was sichtbar, messbar und bezahlbar war, hatte einen Wert. Jesus spricht eine ganz andere, eine sensiblere Sprache.

Es gilt als Erstes, die Kunst des Zuhörens zu lernen. Denn da sind auch die vielen leichten, sanften

Töne in Jesu Rede, die schnell zu überhören sind. Aber dann kommen wir nicht zum Eigentlichen, dringen nicht zum Wesentlichen vor. Achtsamkeit hat viel mit Zartheit zu tun, wie es diese Geschichte ausdrückt:

Ein heiliger Mann war so tief im Gebet versunken, dass er zunächst nicht spürte, dass sich ein kleiner Hund auf den Rand seines Mantels legte und einschlief. Er atmete immer noch ruhig und tief, als der Meister sich von seinem Gebet erheben wollte. Da schnitt er sorgsam, um den Hund nicht zu wecken, den Saum seines Mantels ab. Seinen erstaunten Schülern erklärte er: »Der Schlaf ist ein Geschenk Gottes. Sollte ich so wenig achtsam sein und diesem kleinen Wesen eine so wichtige Gabe um eines Fetzen Stoffes willen nehmen?«

Das Zuhören setzt des Weiteren die Stille voraus. Jesus selbst ist oft in die Einsamkeit gegangen, um in ihrer Stille darauf zu hören, was der Vater ihm sagen wollte. Mit umso größerer Kraft kehrte er zurück. Dann redete er, staunten seine Landsleute, wie einer der Vollmacht hat.

Menschen der verschiedensten religiösen Richtungen und Kulturkreise werden Achtsamkeit von Buddha lernen wollen oder den Weisen des Judentums, aus der hinduistischen Tradition oder der muslimischen Mystik. Ich möchte sie von Jesus lernen, der ganz selbstbewusst Ich sagen und zugleich auf alles um ihn herum achten konnte.

Jesus lehrt uns ein Verhalten, das wir Kontemplation und Aktion, Zärtlichkeit und Kraft nennen können. Seine Spiritualität ist nicht einseitig. Sein Ich bedingt ein Du. Seine Achtung vor sich selbst löste die Achtsamkeit aus für alles, was lebt.

Für Jesus ging kein Spatz verloren und kein Rabe, da wurde weder die Blume auf dem Feld übersehen noch die Senfstaude. Da war aber auch kein Mensch zu gering, dass Jesus nicht in großer Behutsamkeit auf ihn zugegangen wäre. Sein Ich erlaubte es ihm, Freunde und Freundinnen zu haben, Vergessene aufzusuchen, Notleidende in die Mitte zu nehmen. Er erlaubte sich, Zärtlichkeiten anzunehmen, weil er selbst zärtlich umging mit allem, was ist.

Überall dort aber, wo das Ich den Menschen dazu bringen will, dem Glück nachzujagen und darüber sein großes Ziel zu vergessen, prangert Jesus das als groben Irrtum an.

Achtsamkeit heißt, das eigene Menschsein an- und ernst zu nehmen. Auch darin drückte sich Jesu Achtsamkeit aus: Er konnte sich über das Glück und die Liebe eines Hochzeitspaares freuen wie über den Tod eines Freundes weinen. Er war Mensch genug, Freundschaft zu schenken und zu genießen, machte darin keinen Unterschied zwischen Frauen und Männern, und hatte doch das große Bedürfnis, gelegentlich ganz allein zu sein und sich zu orientieren. Er achtete den Bissen Brot und den Schluck Wein wie das festliche Mahl. Jesus fürchtete sich vor seinem Tod und sorgte sich darum, wer sich nach seinem Tod, um seine Mutter kümmern werde. Zeichen seiner Achtsamkeit.

Darauf sollen wir hören und unser Leben ausrichten. Die Meditation, in die wir uns einüben, hat ein spiritueller Lehrer als Aufwachen bezeichnet. Wer aufgewacht ist, betrachtet seine Umwelt mit Aufmerksamkeit. Wer spirituell aufgewacht ist, achtet auf alles, was ist. Denn nichts ist ohne Bedeutung. Selbst die Fliege an der Wand, die mich stört, zeigt mir, dass ich noch nicht im Zustand der Gelassenheit bin.

Die Achtsamkeit ist das Ruder an unserem Boot. Nur geringe Bewegungen genügen, um uns zu korrigieren. Aber es braucht viel Erfahrung und Kraft, um das gleiche Boot durch die Stürme des Lebens zu steuern. Kraft, die uns fehlen würde, wenn wir die Achtsamkeit nicht geübt hätten.

Achtsamkeit hat viel mit hier und jetzt zu tun. In dem Augenblick, in dem die Vergangenheit meine

Gedanken besetzt oder die Zukunft mir Sorge macht, ist es um die Achtsamkeit geschehen. Nur das Gestern oder das Morgen bestimmen dann über mein Leben. Die Achtsamkeit will, dass ich sage und auch so lebe: Heute ist mein Tag, jetzt ist die Stunde.

Eine gute Übung der Achtsamkeit besteht im Achten auf den Atem. Das Atemholen ist für uns die selbstverständlichste Selbstverständlichkeit. Erst wenn wir außer Atem gekommen sind oder uns das Atmen wegen einer Erkrankung schwerfällt, beachten wir ihn. Die beste Methode, Achtsamkeit zu lernen und zu üben, besteht in der Aufmerksamkeit auf das Kommen und Gehen unseres Atems. Es gibt nichts Besseres, um den Geist zu beruhigen, als sich auf den Atem zu konzentrieren. Schließlich sagen wir uns in kritischen Situationen: »Jetzt erst einmal ruhig durchatmen!« Wer beim Bergsteigen seine Schritte bewusst dem Atem anpasst, spart Energie und hält länger durch. Auch unser spirituelles Leben braucht den bewussten Atem und die in ihm ruhende Energie.

Wenn bei der Meditation unsere Gedanken anfangen wollen, herumzuvagabundieren, wenn verlockende Vorstellungen auftauchen oder längst verschüttete Probleme uns belästigen, hilft uns das Achten auf den Atem, zur Konzentration zurückzukehren. Manche lehren in seiner solchen Situation auch das Herzensgebet. Es entspricht noch deutlicher dem neuen Weg, den wir gehen wollen: »Jesus, Sohn Gottes ...« (einatmen) »... erbarme dich meiner!« (ausatmen).

Das alles ist natürlich kein Selbstzweck. Wer auf diese Weise zur Ruhe seines Herzens gefunden hat, für den sind die Nöte, die Katastrophen dieser Welt, für den sind Hunger, Krankheit und Ausbeutung der Menschen nicht gleichgültig.

Achtsamkeit wird beispielsweise gegen die Ungerechtigkeit der Welt nicht mit Gewalt vorgehen. Jesus bekämpft keine Systeme, um sich hinterher in andere zu verstricken, wie das oft genug bei Reformern geschicht. Er entwirft eine neue Weltsicht, in der Prestige, Macht und Gewalt nicht mehr bewundert werden. Achtsamkeit, das klingt nur zunächst wie ein Paradox, kann durchaus Strukturen und Systeme ignorieren und sie so auflösen und verändern.

Durch die Übung der Achtsamkeit, durch die Übung des kindlichen Geistes, der sich vertrauensvoll in die Hände Gottes legt, wird mehr gebessert und verwandelt als durch andere Bemühungen. Gewalt und Gegenterror erreichen und verändern nichts: Sie zeugen neues Unrecht, neue Gewalt.

Achtsamkeit hat für den Suchenden schöne Geschenke bereit. Zum Beispiel vermittelt sie das gute Gefühl, zu einer heiligen Welt zu gehören, in der alles miteinander verbunden ist. Alles, was der Achtsame in seine Hände, in seinen Kopf oder in sein Herz nimmt, ist deswegen heilig. So sieht es schon der Prophet Sacharja: »An jenem Tag wird auf den Pferdeschellen stehen: Dem HERRN heilig. ... Jeder Kessel in Jerusalem und Juda wird dem Herrn der Heere heilig sein« (SACHARJA KAP. 14, VERSE 20–21).

Es tut auf Dauer unserer Seele nicht gut, wenn sie ständig Bildern von Terror, Gewalt, brutaler Sexualität ausgesetzt ist. Die Achtsamkeit muss wie ein Filter wirken, der uns hinter das Unrecht, den Mord, den Terror und die missbrauchte Sexualität sehen und die gequälten Menschen verstehen lässt. Dann lässt Achtsamkeit ein gütiges und heilendes Erbarmen entstehen, das unsere Welt so bitter nötig hat.

Deswegen wählt ein achtsamer Mensch das, was er liest, anschaut, anhört: Texte, Bilder und Programme, danach aus, dass nichts und niemand bewusst zerstört oder verletzt wird und am Ende ungeheilt und unerlöst auf der Strecke bleibt.

Impulse zur Meditation

- Ich achte auf meinem Atem
- Ich achte die kleinen Dinge
- Ich übe Achtsamkeit mit Jesus
- Ich schütze das Schwache

GEBET

Gott,
lehre mich den Unterschied
zwischen Beachtung und Achtsamkeit.
Deine Achtsamkeit verwandelt alles,
was ist und was lebt,
und macht es heilig:
Gutes wird schön,
Schmerzliches freundlich,
Schweres leicht,
Böses zum Segen. Amen.

Auf dem Weg mit Jesus

Jesus geht einen neuen Weg, der offen ist für alle Menschen. Er hilft, das Gute zu entdecken und es zu benennen, das in jedem Menschen in so reichem Maße zu finden ist. Mag sein, dass es verschüttet ist, aber es ist da. Jesus sagt den Menschen zu, dass sie von Gott geliebt sind, seine Töchter und Söhne. Gottes Liebe macht jeden Menschen liebenswert.

Im Herzen eines jeden Menschen wohnt bereits Gott, wenn auch oft verborgen, unerkannt, unbewusst. Deswegen ist der Weg Jesu der Weg des Herzens. Er führt direkt zu seinem Vater, der die Quelle des Lebens und der Liebe ist.

Im Herzen lässt sich Gott berühren. Das ist so einfach in einer verwirrenden, anspruchsvollen Welt. Je einfacher eine Religion ist, desto näher führt sie an Gott heran. Jesu Weg ist direkt, Jesu Worte sind einfach. Der spirituelle Mensch braucht eigentlich nicht mehr: keine hohe Theologie, keine tiefgründigen religiösen Spekulationen, keinen Katalog von vorgefertigten Antworten. Alle spirituellen Vorschläge laufen ins Leere, wenn sie nicht an das Herz gehen, wenn sie nicht Wegzehrung sind, Ruhe und Rastpunkte, wenn ihnen die Liebe fehlt. Jesu Weg ist der Weg der Liebe: »Ein neues Gebot gebe ich euch: Liebt einander! Wie ich euch geliebt habe, so sollt auch ihr einander lieben« (JOHANNESEVANGELIUM KAP. 13, VERS 34).

Deswegen ist der Weg Jesu wie eine Schatzsuche: Er lässt uns das Verborgene finden, deckt das Geheimnisvolle auf, hilft uns die Perlen zu entdecken, die oft genug aus winzigen Samenkörnern bestehen – damit wir zur Fülle des Lebens gelangen.

Gebet

Wie ein Traum wird es sein,
Gott meiner Visionen,
wenn mein Herz
keine Ängste mehr hat,
wenn mein Leben vor dir tanzt
und meine Liebe blüht,
wenn mein ganzes Sein
aufgehoben ist in dir
beim Fest ohne Ende. Amen.

Roland Breitenbach

(1935–2020) arbeitete als Priester im Schuldienst und als Gemeindepfarrer. Er gründete in Schweinfurt den »Löwenzahn«, ein familienfreundliches Restaurant, in dem 25 Jahre lang Menschen mit Handicap eine Arbeit fanden und Familien sich das Essen auch leisten konnten. Auf seine Initiative entstand das »Brückenhaus«, eine Wohnmöglichkeit für ökonomisch benachteiligte junge Menschen. Roland Breitenbach ist Autor von über 60 Buchveröffentlichungen. Sein »letztes« Buch, die »Meditationen des Herzens«, erscheint postum, herausgegeben von Stefan Philipps.

Stefan Philipps

ist Pädagoge und Theologe und wirkt als Supervisor und Coach in Schweinfurt. Er arbeitete zusammen mit Roland Breitenbach und gehörte zu seinen engsten Freunden.

VERLAGSGRUPPE PATMOS

PATMOS
ESCHBACH
GRÜNEWALD
THORBECKE
SCHWABEN
VER SACRUM

Die Verlagsgruppe
mit Sinn für das Leben

Die Verlagsgruppe Patmos ist sich ihrer Verantwortung gegenüber unserer Umwelt bewusst. Wir folgen dem Prinzip der Nachhaltigkeit und streben den Einklang von wirtschaftlicher Entwicklung, sozialer Sicherheit und Erhaltung unserer natürlichen Lebensgrundlagen an. Näheres zur Nachhaltigkeitsstrategie der Verlagsgruppe Patmos auf unserer Website www.verlagsgruppe-patmos.de/nachhaltig-gut-leben

Abbildungen im Innenteil: S. 2 bzw. 85: shutterstock.com, Jongmook; S. 7 bzw. 13: shutterstock.com, ancoay; S. 15 bzw. 23: shutterstock.com, Oleg Bakhirev; S. 25 bzw. 33: shutterstock.com, allnow; S. 35 bzw. 44/45: shutterstock.com, Iv-olga; S. 47 bzw. 56/57: shutterstock.com, Mohd KhairilX; S. 59 bzw. 68/69: shutterstock.com, patjo; S. 71 bzw. 79: shutterstock.com, Diana Hlachova; S. 81: shutterstock.com, Brian A Jackson

Verlagsgruppe Patmos in der Schwabenverlag AG, Ostfildern
www.verlagsgruppe-patmos.de

Gesamtgestaltung: Finken und Bumiller, Stuttgart
Coverabbildung: unsplash.com, Eberhard Grossgasteiger
Druck: Finidr s. r. o., Český Těšín
Hergestellt in Tschechien
ISBN 978-3-8436-1370-5

Das Leben ent-decken

Andrea Schwarz / Ulrike Diekmann
Das Leben ent-decken
Ein Osterputz für die Seele
Exerzitien im Alltag

144 Seiten, 13 x 21,5 cm
Hardcover, 136 Seiten, durchgehend farbig
Mit vielen Abbildungen und Eintragseiten
ISBN 978-3-8436-1346-0

Das Leben ent-decken: Das ist möglich, weil es Ostern gibt, den Sieg des Lebens über den Tod. Die sieben Wochen vor Ostern sind eine Chance, sich ins Leben einzuüben, allein oder zusammen mit anderen. Dazu lädt das Buch von Andrea Schwarz und Ulrike Diekmann ein. Die fünfundzwanzig Impulse des Buches können aber auch in den Sommerferien oder einer anderen Auszeit ein Weg zu mehr Lebendigkeit werden.
Mit inspirierenden Texten, Fotos, Ideen zum Ausprobieren und Raum zum Eintragen eigener Gedanken.